16 **黒織部 刷毛目 茶碗 陶片**
竪6.4×横8.7cm

15 **黒織部 楓図 茶碗 陶片**
竪7.1×横6.2cm

14 **黒織部 茶碗 陶片**
竪8×横8.4cm
「イ」(丈八)印

13 **黒織部 茶碗 陶片**
竪10×横11cm
「一」(元蔵)印

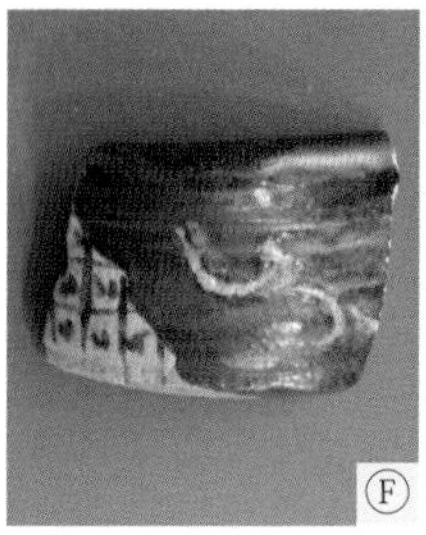
Ⓕ

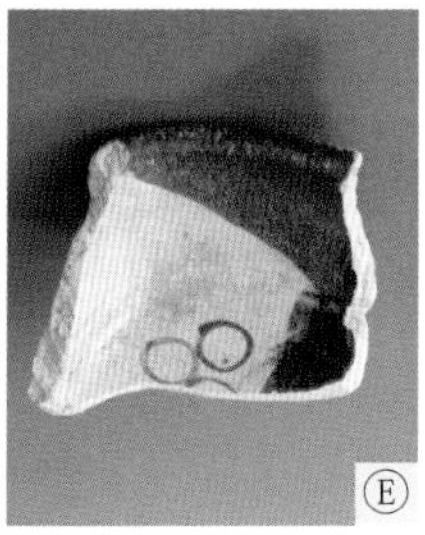
Ⓔ

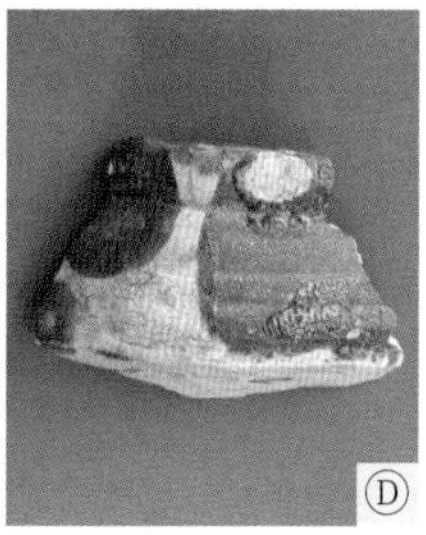
Ⓓ

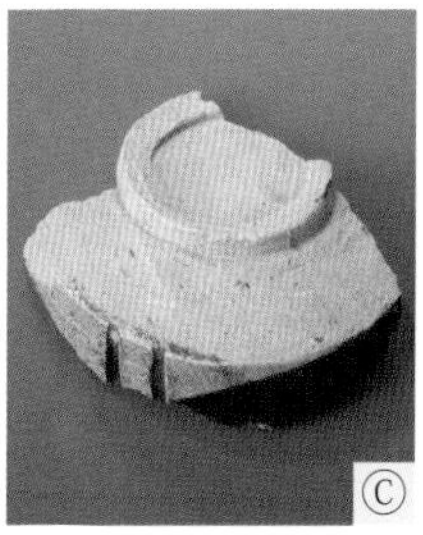
Ⓒ

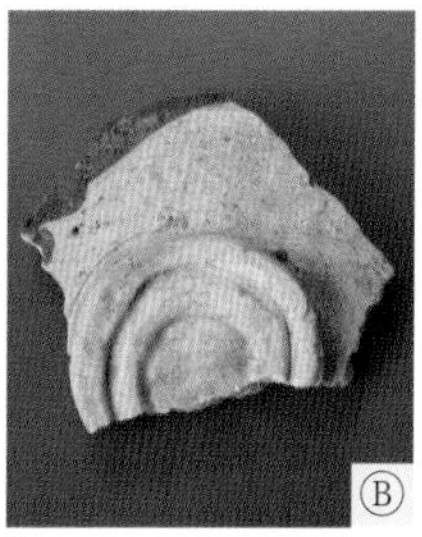
Ⓑ

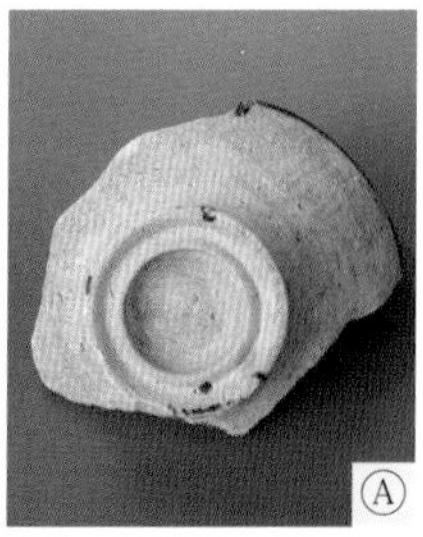
Ⓐ

Ⓛ

Ⓚ

Ⓙ

Ⓘ

Ⓗ

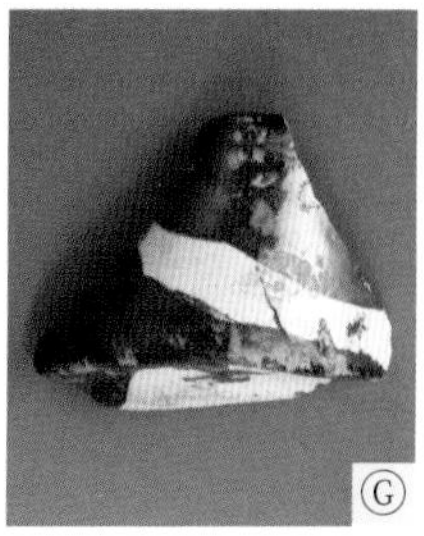
Ⓖ

Ⓟ

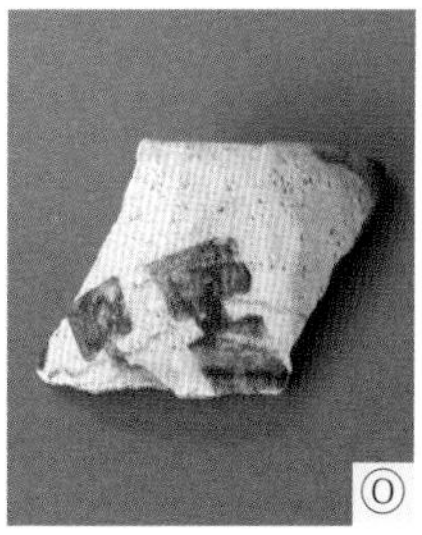
Ⓞ

Ⓝ

Ⓜ

17 **黒織部 茶碗 陶片**
A 幅10.8×奥行8.8　B 幅10.3×奥行9.2　C 幅9.6×奥行8.5　D 幅8.5×奥行6　E 幅8.2×奥行7　F 幅7.5×奥行6.2
G 幅9×奥行6.5　H 幅7.5×奥行5.7　I 幅7.3×奥行6.5　J 幅7.5×奥行6.5　K 幅7.8×奥行4.5　L 幅5×奥行5　M 幅5.5×奥行5.3
N 幅5×奥行5　O 幅5×奥行4.5　P 幅5.6×奥行3　16片

Ⓔ
松葉(長十)印

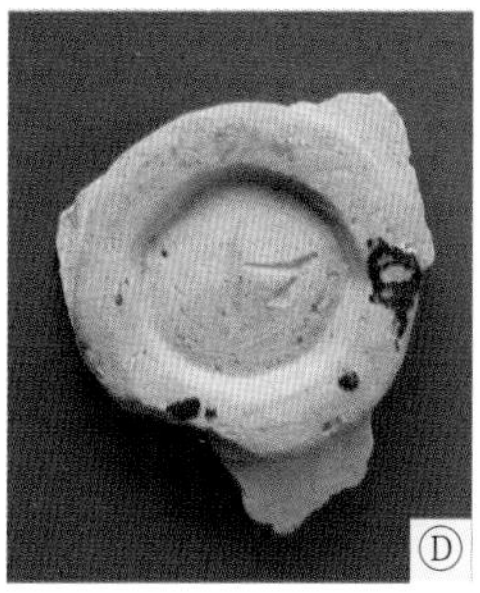
Ⓓ
「丁」(新兵衛)印か

Ⓒ
「イ」(丈八)印か

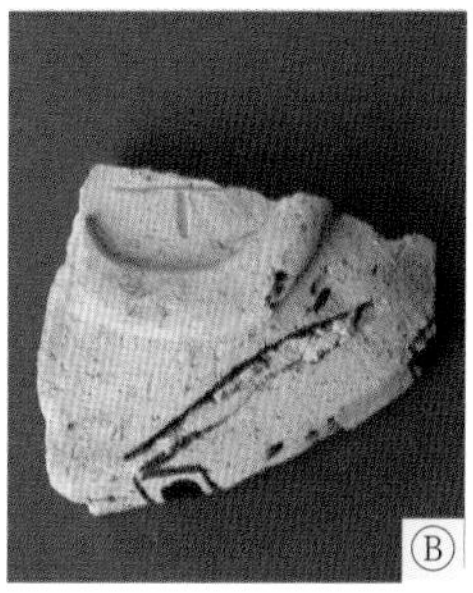
Ⓑ
「十」(茂右衛門)印

Ⓐ
「Q」(江存)印

18 **黒織部 茶碗(窯印付き) 陶片**
A 幅8.2×奥行6.5　B 幅8.4×奥行6.5　C 幅8×奥行5.2　D 幅6.5×奥行7.3　E 幅7.8×奥行6　5片

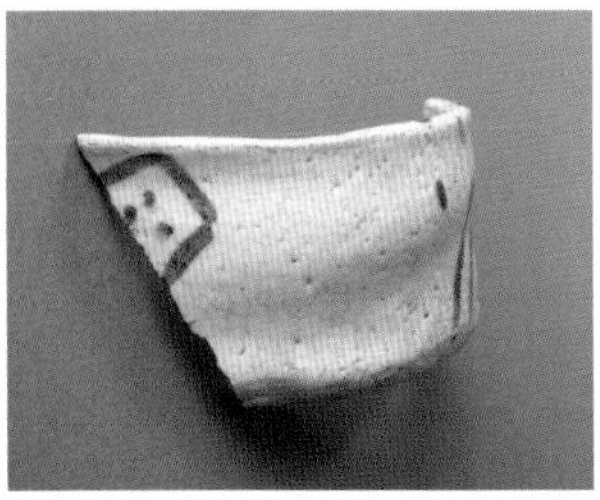

20 **絵志野 茶碗 陶片**
竪6.7×横12.3cm

19 **絵志野 橋・輪違図 茶碗**
幅13.5×奥行13×高7.7cm （京都市考古資料館 蔵）

22 **志野織部 茶碗 陶片**
幅14×奥行11.5×高7.9cm （京都市考古資料館 蔵）

21 **絵志野 刷毛目 茶碗 陶片**
幅12.2×奥行12cm （京都市考古資料館 蔵）

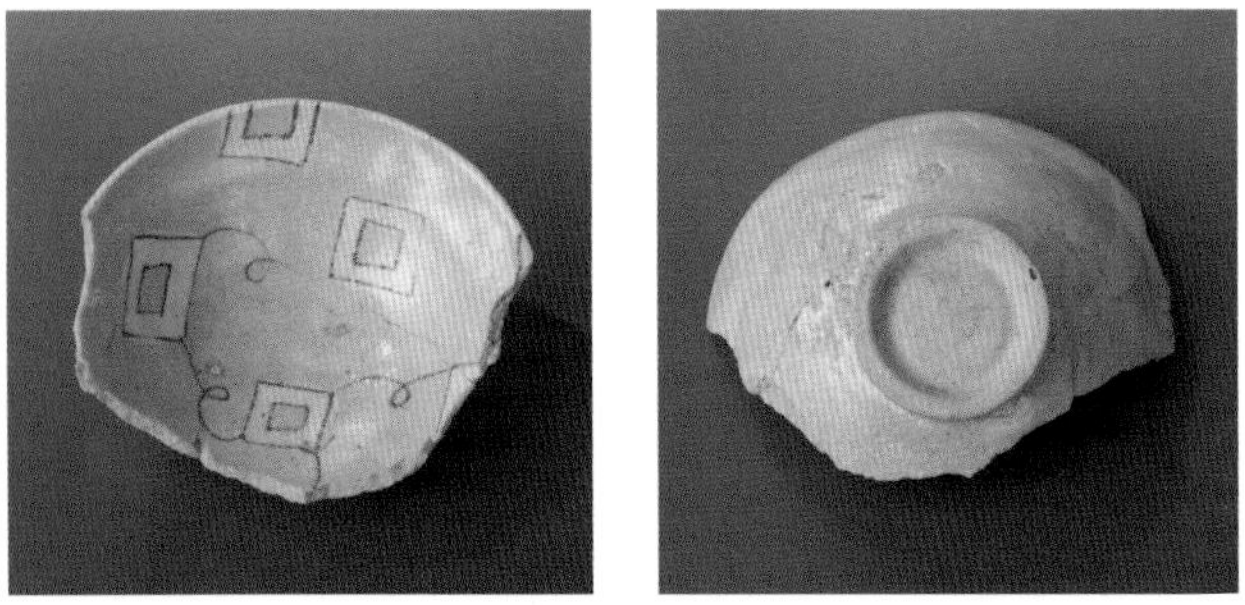

24 **赤織部 碗 陶片**
幅14.7×奥行12.5cm （京都市考古資料館 蔵）

23 **赤織部 茶碗**
幅13.7×奥行10.5×高6.5cm （京都市考古資料館 蔵）

27 **鳴海織部 縄簾図茶碗 陶片**
竪3.7×横5.5cm

26 **伊賀織部 茶碗 陶片**
竪5×横7cm

25 **織部黒 茶碗 陶片**
幅15.5×奥行13×高7.7cm
「一」（元蔵）印

1 **織部茶入 底 陶片**
竪7.7×横6cm
元屋敷窯出土品
「十」(茂右衛門)印

2 **志野(大海)茶入蓋**
径5×高1cm

3 **絵志野 茶入蓋**
径4.5×高1.4cm
(京都市考古資料館 蔵)

4 **志野織部 茶入蓋**
径3.5×高1.6cm

5 **青織部 茶入蓋**
径3.5×高1.2cm

6 **青織部 茶入蓋**
径3.7×高1.5cm

7 **絵志野 燗鍋 蓋**
径5.1×高2.5cm

8 **黒織部 花図茶碗**
幅13×奥行11.6×高6.8cm
(京都市考古資料館 蔵)

9 **黒織部 茶碗**
幅14.8×奥行10.4×高8.5cm　(京都市考古資料館 蔵)　「十」(茂右衛門)印

10 **黒織部 呼継茶碗**
幅13.5×奥行12.8×高6.6cm

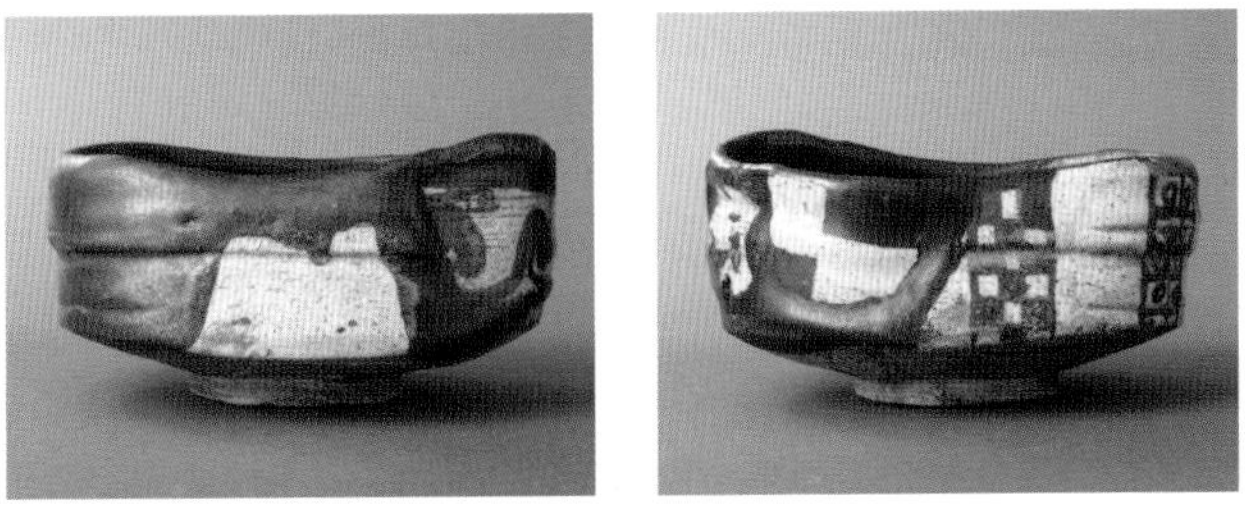

11 **黒織部 呼継茶碗**
幅14.1×奥行10.6×高6.6cm

12 **黒織部 呼継茶碗**
幅13.6×奥行12.2×高7cm

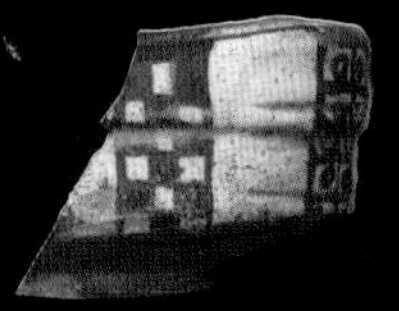

発掘品から見る
志野・織部焼

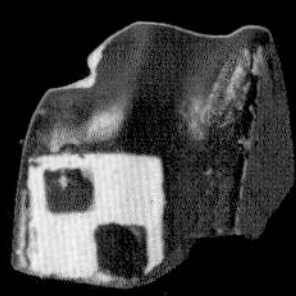

古田織部美術館 編

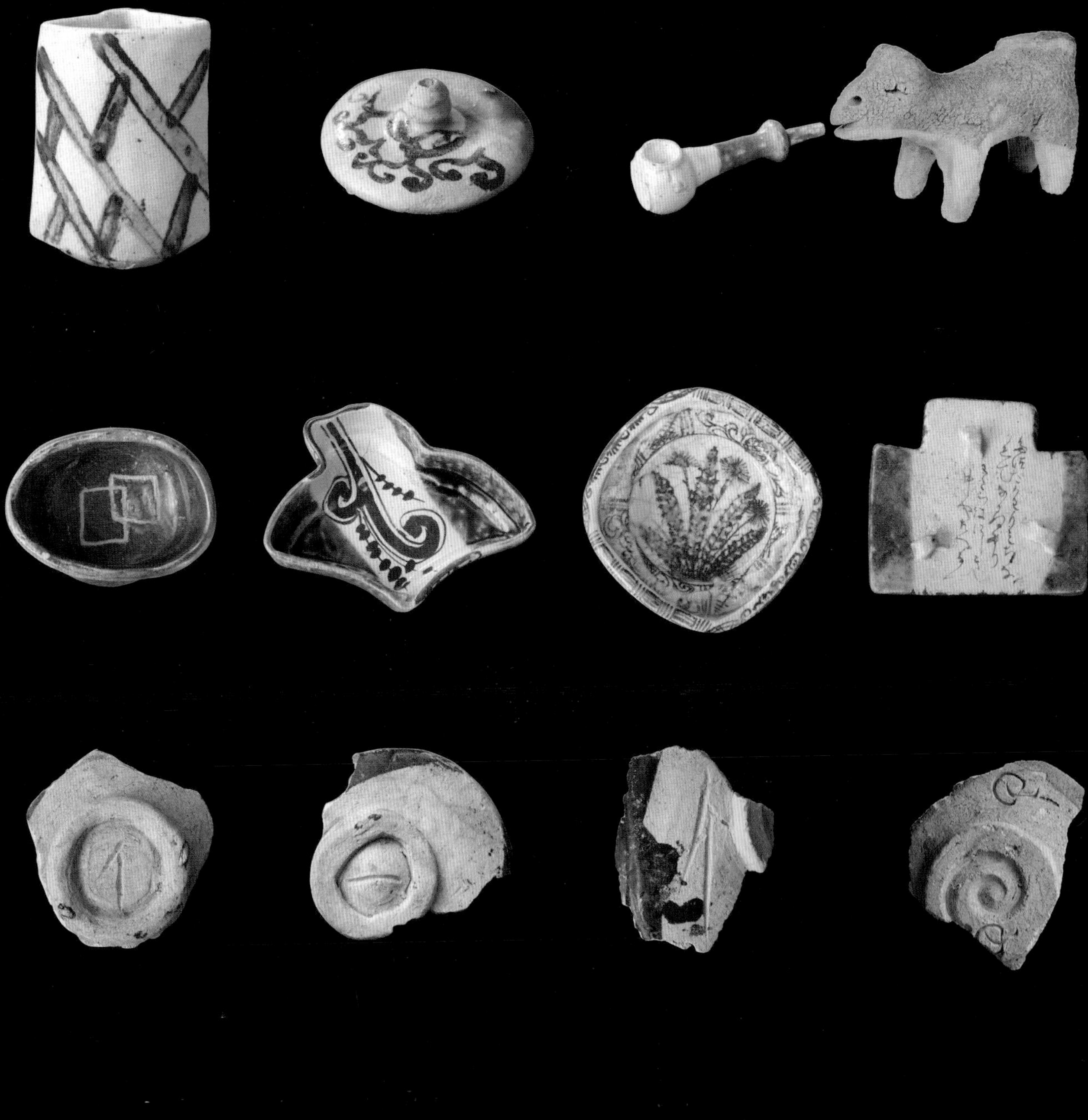

宮帯出版社

28 **鳴海織部 茶碗 陶片**
A 幅10×奥行7　B 幅8.3×奥行4.5　C 幅5.5×奥行5.5　D 幅6.4×奥行5　E 幅5.3×奥行4　5片

30 **志野織部 扇形筒向付**
幅7.7×奥行7×高10.8cm　（京都市考古資料館 蔵）

29 **絵志野 矢筈口水指**
口径20.5×胴径21×高19.5cm　（京都市考古資料館 蔵）

34 **絵志野 梅図 向付 陶片**
幅9.8×奥行9.5×高8.4cm
（京都市考古資料館 蔵）

33 **鳴海織部 筒向付 陶片**
竪6.5×横4.6cm

32 **鳴海織部 菱形 筒向付**
幅7.8×奥行6.1×高11.2cm

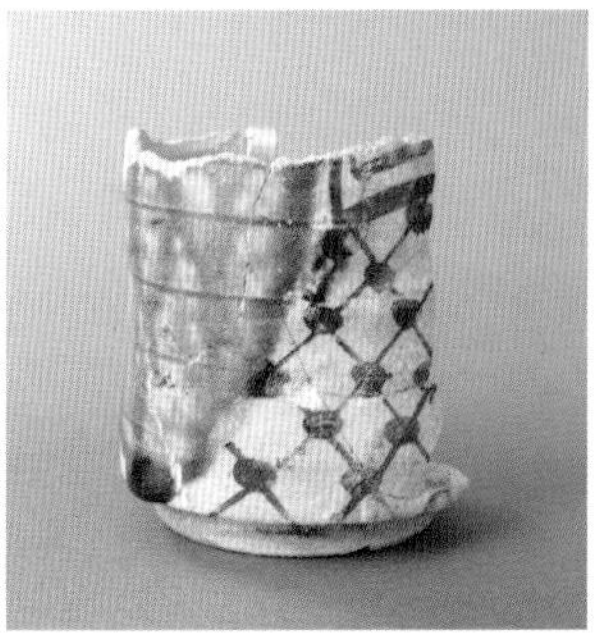

31 **青織部 筒向付 陶片**
幅7.5×奥行8.3cm
（京都市考古資料館 蔵）

37 **志野織部 千鳥図 向付 陶片**
幅15.3×奥行15.1×高4.5cm　（京都市考古資料館 蔵）

36 **絵志野 蒲公英図向付**
幅17.5×奥行17.2×高5.6cm
（京都市考古資料館 蔵）

35 **絵志野 四方向付**
幅14.2×奥行14.8×高5cm
（京都市考古資料館 蔵）

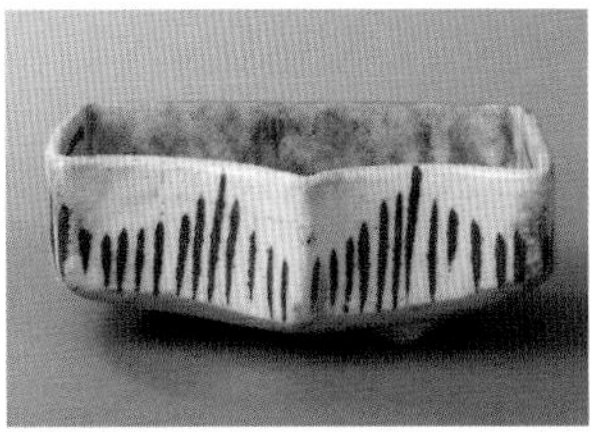

39 **青織部 網干形 向付**
幅12×奥行10.9×高4.5cm　（京都市考古資料館 蔵）

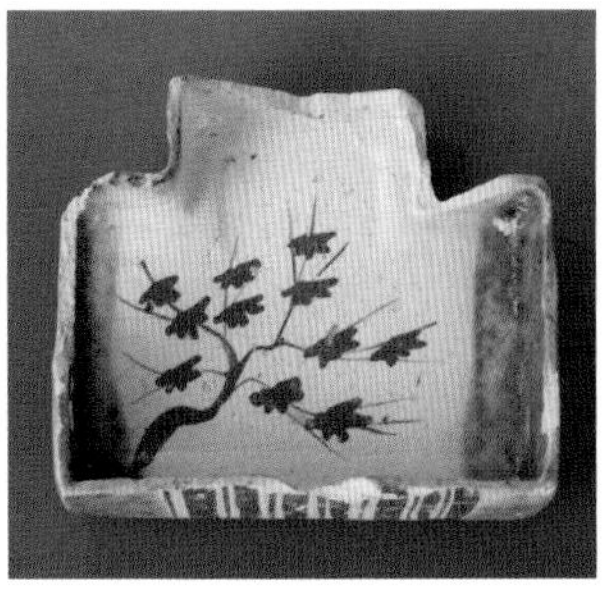
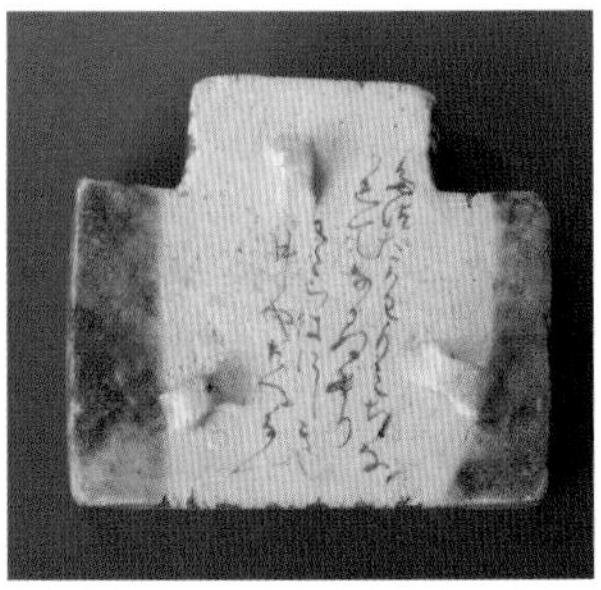

38 **青織部 三つ盛角形 向付**
幅14.1×奥行12.3×高4cm　（京都市考古資料館 蔵）

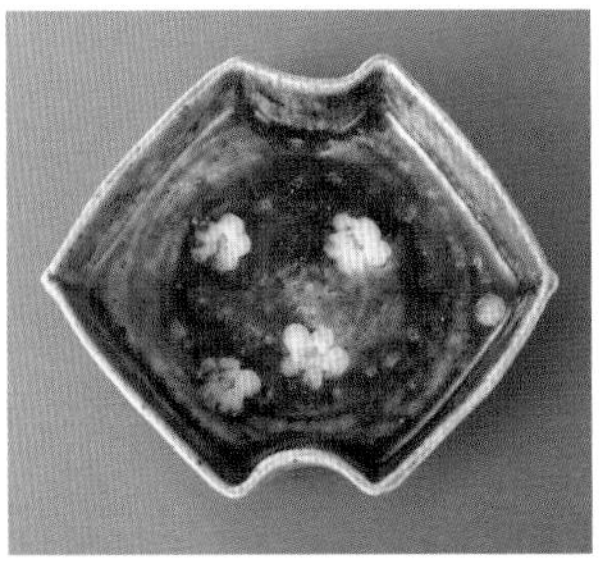
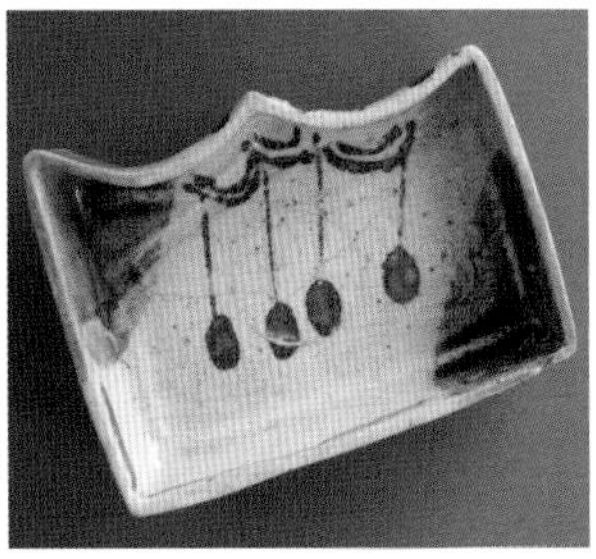

41 **青織部 梅図 二階菱形 向付**
幅15.9×奥行13.5×高4.5cm
（京都市考古資料館 蔵）

40 **青織部 吊柿図 網干形 向付**
幅12.8×奥行9.8×高4.5cm　（京都市考古資料館 蔵）

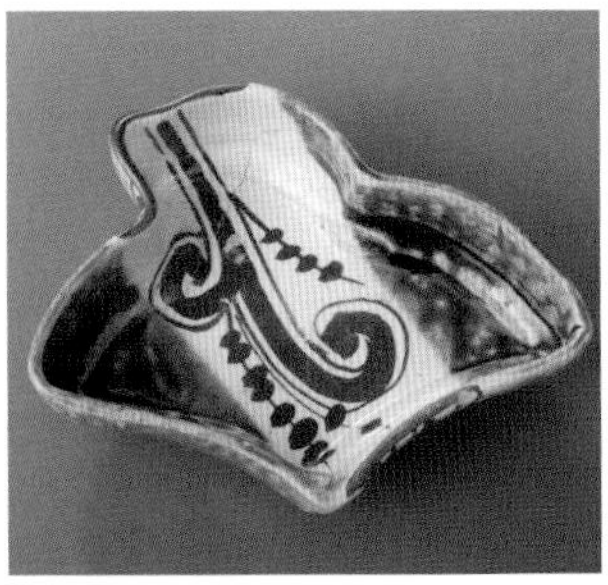

43 **青織部 千鳥形 向付**
幅16.1×奥行12.8×高5.2cm　（京都市考古資料館 蔵）

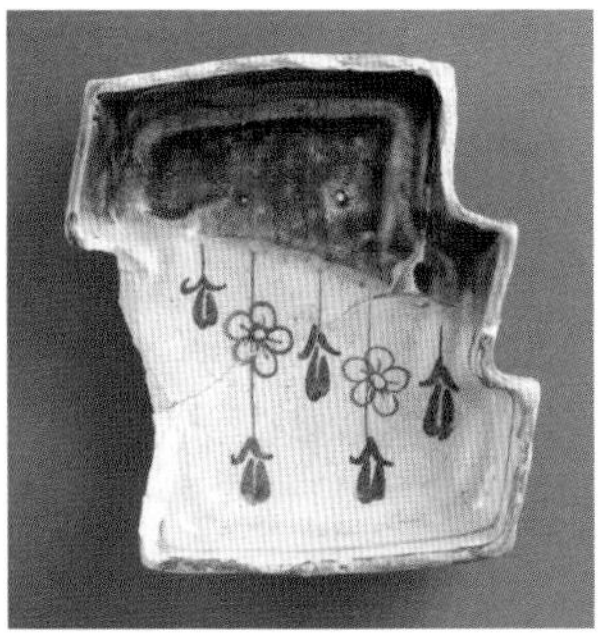

42 **青織部 吊柿・梅図 向付 陶片**
幅12.8×奥行12×高4.7cm　（京都市考古資料館 蔵）

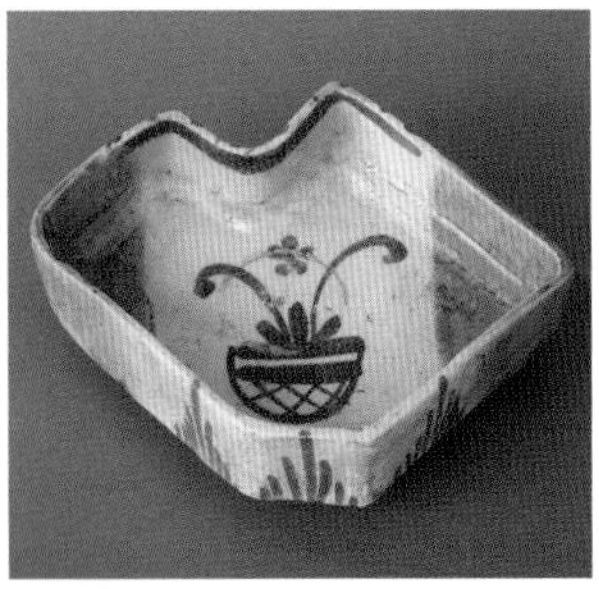

45 **青織部 花籠図 誰袖形 向付**
幅13.1×奥行11.2×高4.5cm

44 **青織部 誰袖《たがそで》形 向付**
幅13×奥行12×高4.5cm　（京都市考古資料館 蔵）

46 **青織部 筏図八橋形 向付**
幅13.5×奥行10×高4.8cm

47 **青織部 八橋形 向付**
幅14.5×奥行10.8×高5cm

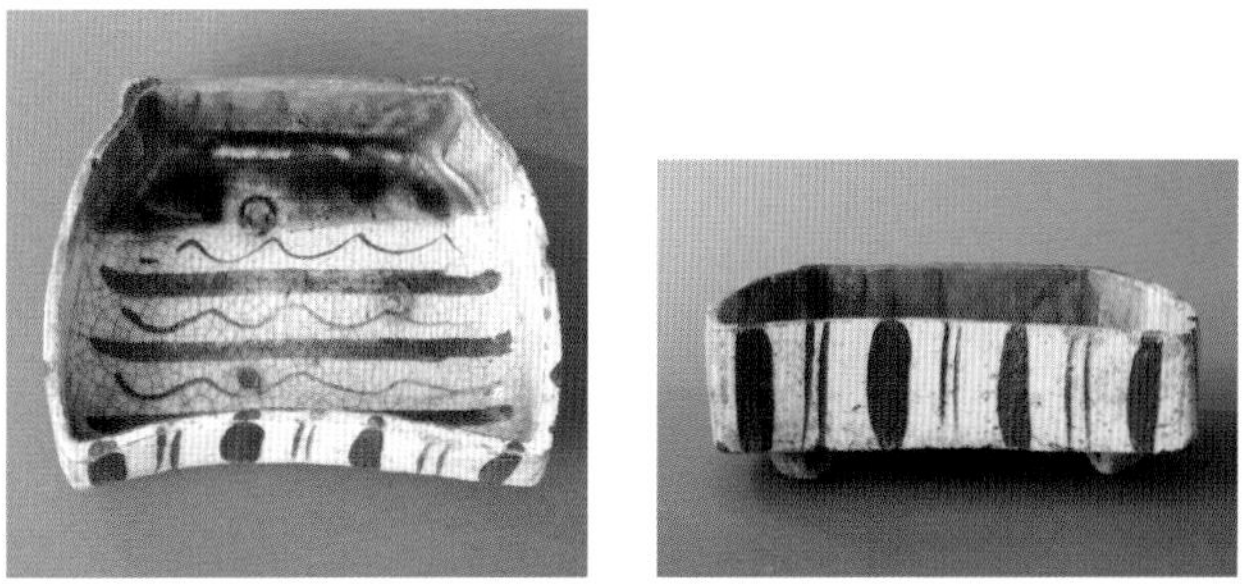

48 **青織部 笠形 向付**
幅13.8×奥行10.6×高4.5cm

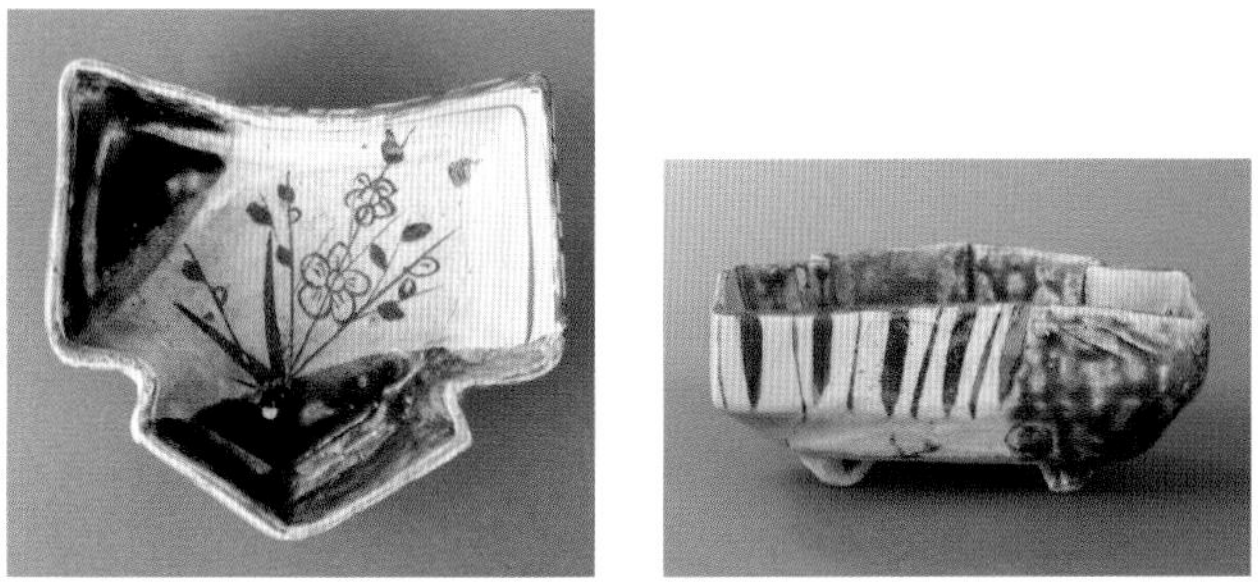

49 **青織部 梅樹図 向付**
幅13.4×奥行11.9×高5.3cm （京都市考古資料館 蔵）

50 **青織部 扇面形 向付**
幅16.5×奥行13.7×高4.8cm
（京都市考古資料館 蔵）

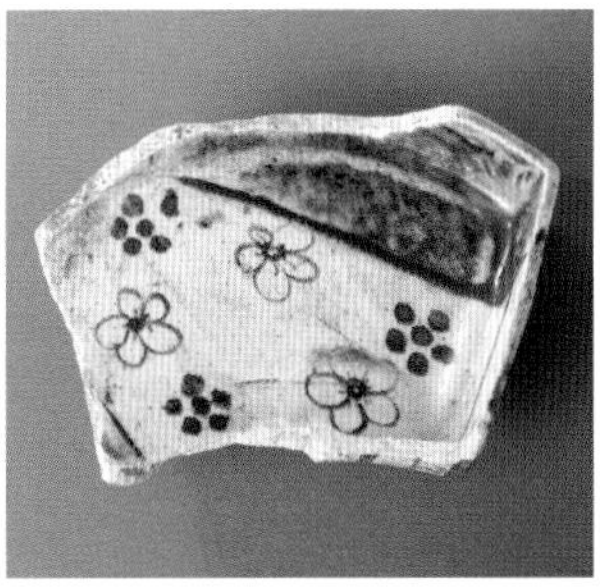

51 **青織部 梅図 向付 陶片**
幅14.3×奥行10.4×高15.5cm

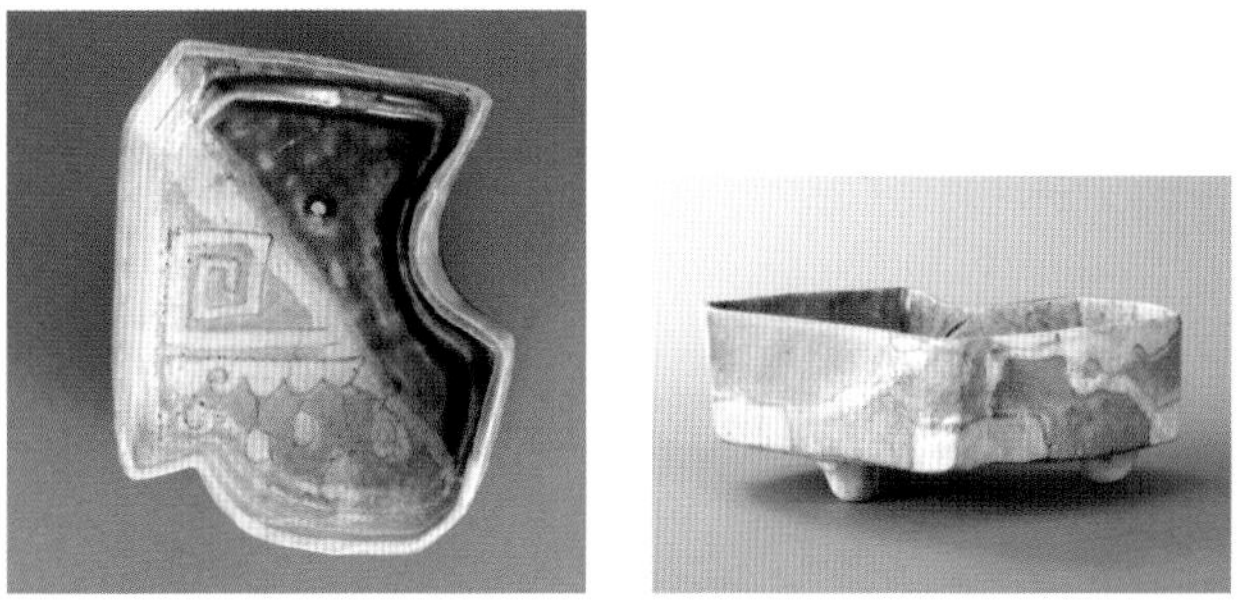

52 **鳴海織部 吊柿図向付**
幅13.5×奥行11.4×高5.2cm （京都市考古資料館 蔵）

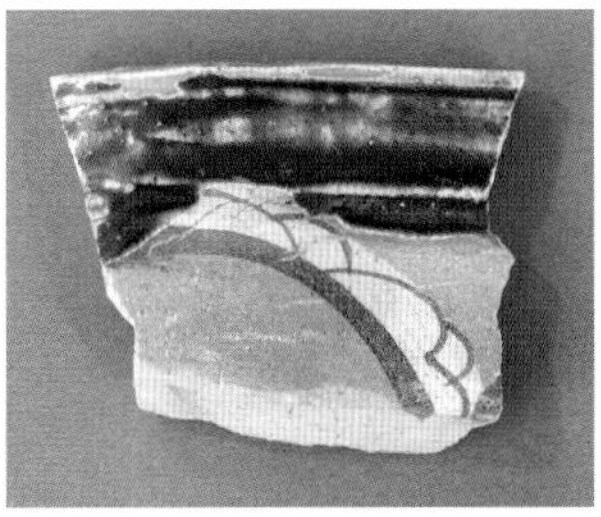

53 **鳴海織部 向付 陶片**
幅6.6×奥行5.3

54 **弥七田織部 向付 陶片**
竪6.5×横10cm

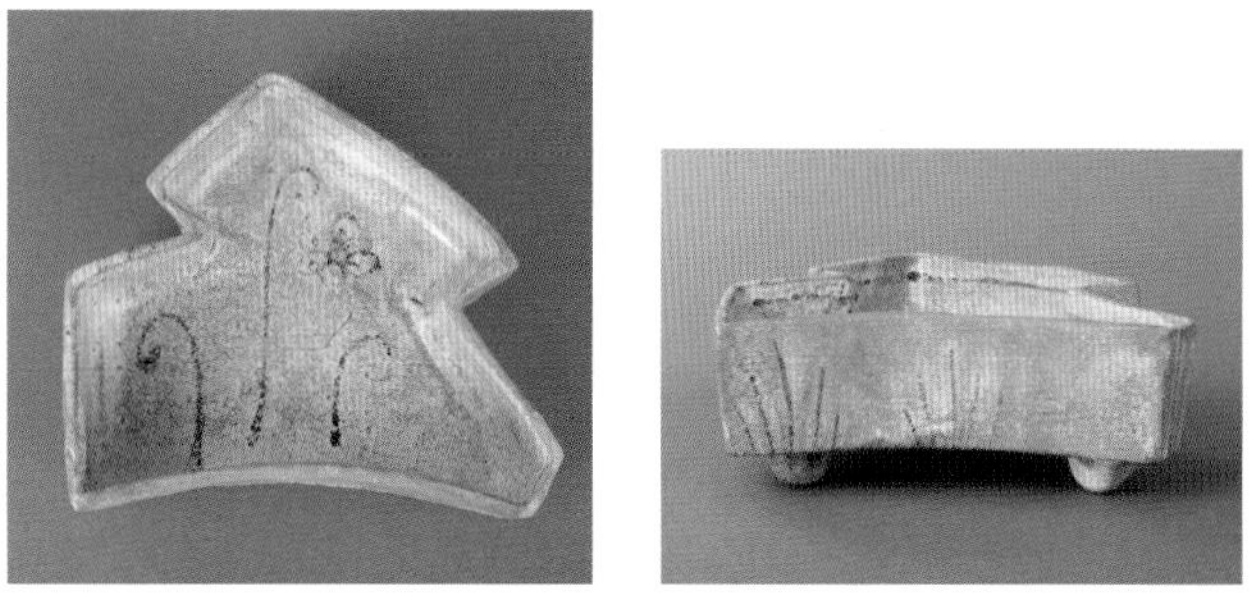

56 **赤織部 早蕨図 向付**
幅14.1×奥行12.4×高5.1cm （京都市考古資料館 蔵）

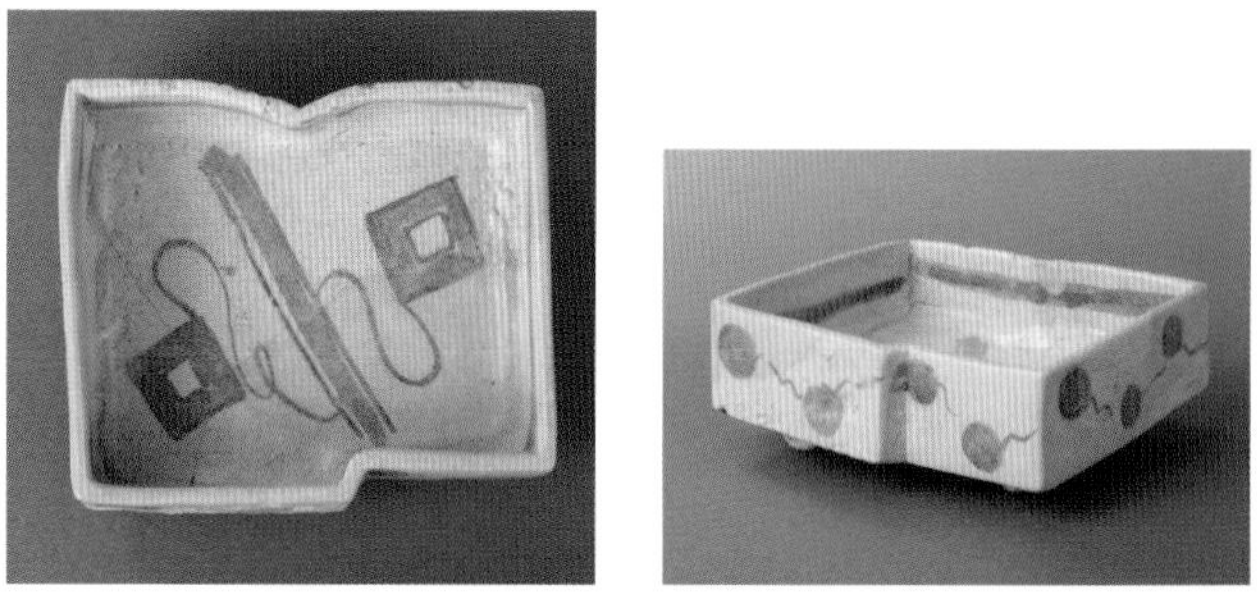

55 **赤織部 誰袖形 向付**
幅12.4×奥行10.5×高4.7cm （京都市考古資料館 蔵）

59 **絵志野 猿猴捉月図 大鉢**
幅28.2×奥行29×高8cm （京都市考古資料館 蔵）

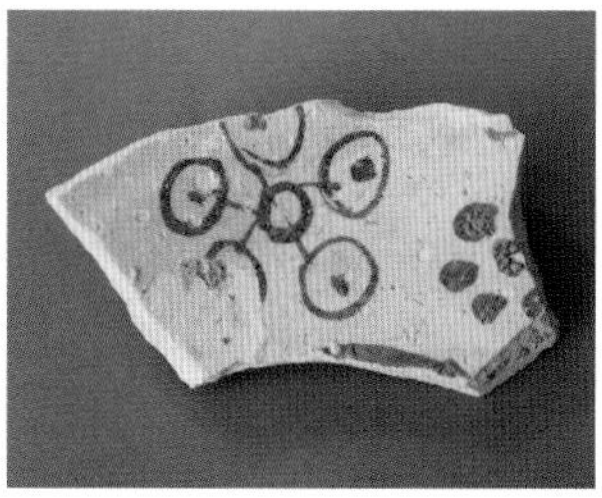

58 **黒織部 梅図 盤（大皿）陶片**
竪6.6×横12.2cm

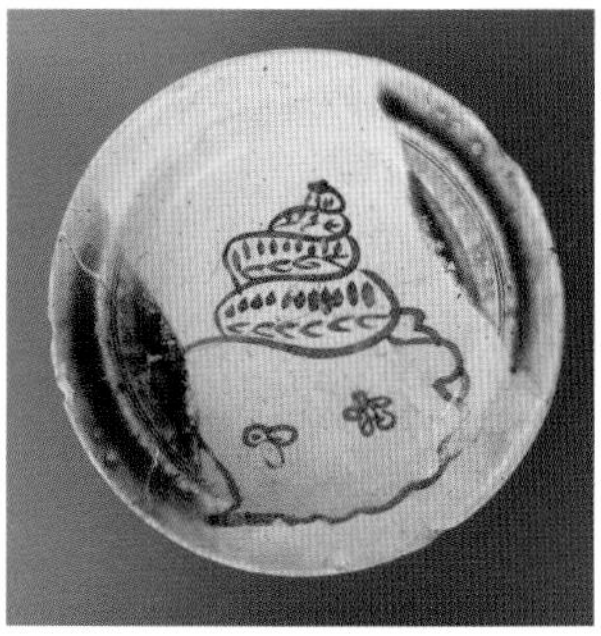

57 **青織部 盤（大皿）**
幅26.3×奥行25.9×高5.5cm
（京都市考古資料館 蔵）

66 **青織部 草花図 小壺**
口径1.1×胴径4.3×高7.5cm

61 **青織部 南蛮煙管**
幅10×奥行3.3×高3.3cm

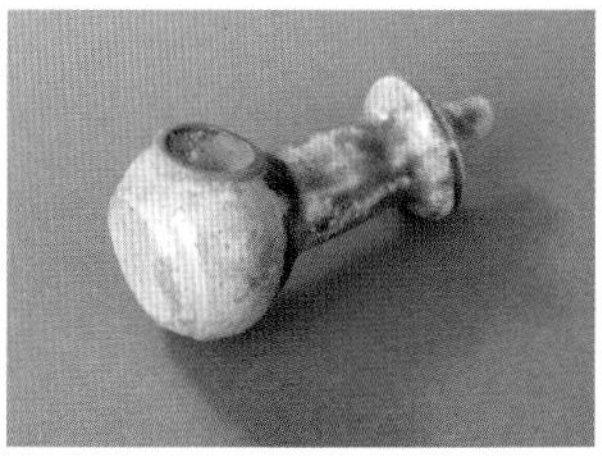

60 **青織部 南蛮煙管**
幅6.5×奥行3.2×高3.3cm

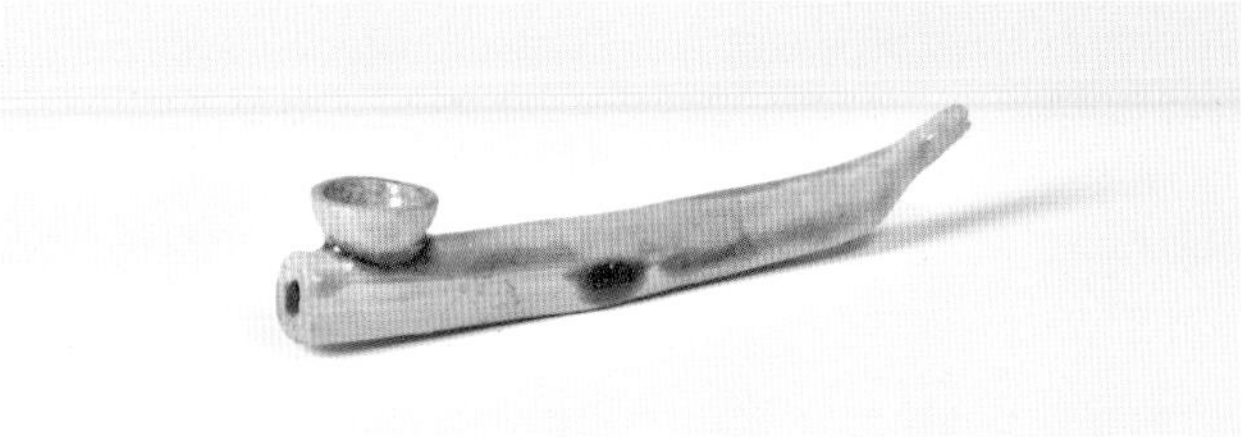

62 **青織部 南蛮 長煙管**

67 **美濃鉄釉 犬置物**

65 **美濃 灰釉 南蛮煙管**
幅7.5×奥行3.1×高3.3cm

64 **美濃 鉄釉 南蛮煙管**
幅8.4×奥行3×高3.5cm

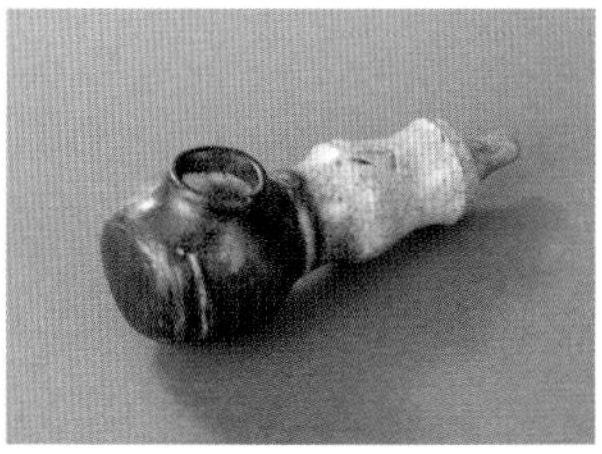

63 **美濃 鉄釉・灰釉 南蛮煙管**
幅7.3×奥行2.8×高2.8cm

解説

1 織部 茶入 底 陶片

茶入の底部。「十」字を彫る。元屋敷窯出土。

2 志野（大海）茶入 蓋

轆轤《ろくろ》で成形し、表前面に長石釉をやや厚めに掛けた無地の志野焼。径がやや大きく、摘《つまみ》は平たく作る。焼歪みもなく、釉薬も艶《つや》やかに焼きあがっている。優れた焼成技術がなければできない製品である。茶入の常の蓋である牙蓋に似ているが、牙蓋につきものの圏線《けんせん》などの装飾も排した簡素な姿である。

3 絵志野 茶入 蓋

頂法寺六角堂の東隣、東洞院六角から出土した、茶入の陶製の蓋である。室町時代以降に発達した町家と推定されるが詳細は未詳である。通常、茶入の蓋は象牙で作るが（牙蓋）、陶製の蓋は極めて珍しい。本品は志野の蓋である。共蓋ではなく、既存の茶入に合わせて誂えたものであろう。径がやや大きいので大海茶入などの蓋であったと推定される。中央を窪めた掬蓋で丁寧な成形である。表に長石釉を掛け、鉄釉で草文を120度間隔で回転対称の位置に丁寧に描く（推定復元）。縁の緋色が鮮やかで、小品ながら印象的な優品である。

4 志野織部 茶入 蓋

轆轤で成形し、全体に長石釉を掛け、鉄釉薬で絵付けする。周縁に放射状の短い線と梅鉢のような文様を描く。極小品を轆轤で精密に作るのは難しく、本品も茶入の口に接する周縁部を焼成後に削って調整している。

5 青織部 茶入 蓋

轆轤で作った茶入の蓋。表全面に長石釉を掛けた上から、半ば緑釉を掛け、それ以外のところに鉄釉で絵付けしている。滲んでいるため絵柄は不明。あるいは垂らして斑点を作っただけかも知れない。もしそうなら織部焼としては異例の作品である。

6 青織部 茶入 蓋

轆轤作りの茶入の蓋。緑釉と長石釉を掛け分けるのではなく、表の全面に長石釉を掛け、その上から緑釉を部分的に掛けている点が、通常の青織部と異なる。鉄釉による絵付けは、小品にしては複雑な唐草文である。茶入の蓋としては、異例なまでに装飾的である。

7 絵志野 燗鍋蓋

形状が常の茶入の蓋とは異なるので、燗鍋などの蓋である可能性が高い。轆轤作りではなく手捏ねで成形したものであろう。小さな摘も中心からずれたところに付けられている。絵付は長石釉の下ではなく、上に鉄釉で垣根のような文様を描いているが、滲んでいるので判然としない。

8 黒織部 花図 茶碗

中京区堺町六角通の調査地から出土した遺物で、同地点は江戸時代前期は町屋が稠密に建ち並んでいた地区と推定されている。本品は元和・寛永期の黒織部の茶碗である。轆轤で成形するが、横箆目が二本、胴を巡っており、底との境界にも施されている。縦箆を二本、口縁下から底近くまで施している。削り出し高台の中に「V」字形の窯印が大胆に刻まれている。高台脇に印を捺したような部分があるが、復元部分に掛かっており、何とも断言できない。黒釉の滴が剥離した痕とも考えられる。成形後に三角形に歪めており、胴に白窓を作って花の文様の絵付けを施す。横から見ると段が出来ている。引き出し黒の釉調が見事で、伝世品に引けを取らない茶碗である。

9 黒織部 茶碗

中京区烏丸太町下る少将井町で出土したもの。轆轤でやや器壁を厚く作り、大きく歪めている。口縁は厚い玉縁状で、胴には明瞭な段がある。縦横に箆目を入れ、底は箆で削り、高台を削り出し撫でて調整している。高台内に「十」字形の窯印が残る。底は露胎で、胴と内面に鉄釉を厚く塗って、引き出し黒の技法で艶のある黒色に仕上げる。胴と見込みを釉薬ごと釘彫し、長石釉を埋め込んで鮮やかな白線で絵を描く。これは極めて珍しい。外面は草あるいは花と思われる幾何学的な文様を、見込みは違い角文を描く。口縁にも鉄釉の上に長石釉を薄く施しているため、漆黒の胴や見込みに比べやや明るく灰色に見える。唐津の皮鯨のような技法であろう。胴の裏側は欠失しているが、こちらにも絵付けがあったかもしれない。形といい釉調といい秀逸である。

10 黒織部 呼継茶碗

本品は、何片かの破片を結合した呼継茶碗である。高台内に「T」の字の彫りがあり、その彫りは、有来新兵衛作とも言われる。また織部自作の鳴海織部茶碗にも「T」の字の彫りがあり、興味深い窯印である。

11 黒織部 呼継茶碗

複数の個体の破片を巧みに接合した茶碗。最も大きな破片は高台を含むが、脇に「L」字のような窯印がある。驚くべきは、全ての破片の、本来は黒色であるべき部分が褐色になっているが、その色調が揃っていることである。灰原《はいばら》から大量に破片を採取して、同じ色調の破片を選んで繋いだものと思われる。褐色は焼成の不良であるので、その意味では作りやすかったのかも知れない。

12 黒織部 呼継茶碗

幾つかの黒織部茶碗の破片を繋ぎ合わせた茶碗。が、4個体の破片を巧みに接合している。最も大きい破片は高台をすべて含むが、その脇に矢印のような窯印が見える。見込みは鉄釉が烈しく縮れているため、焼成に成功しているとは言い難く、おそらく窯の灰原から採取した陶片を利用したものだろう。

13 黒織部 茶碗 陶片

茶碗の貼付け高台の内側に、直線「一」を彫る。

14 黒織部 茶碗 陶片

茶碗の貼付け高台内に大きく「イ」字を彫る。

15 黒織部 楓図 茶碗 陶片

鉄釉を掻き落として紅葉の葉の形を作っているが、その横に別に白窓もあったと思われる。

16 黒織部 刷毛目 茶碗 陶片

長石釉の上に鉄釉を刷毛で塗っているのが異例。刷毛目のような模様になっている。

17 黒織部 茶碗 陶片

美濃のいずれかの窯の灰原で採取されたと思われる陶片。接合せず、それぞれの技法などが異なるので16個体あると思われる。特徴的な黒い色は、瀬戸黒と同じ引出し黒の技法を用い鉄釉を黒く発色させたもの。瀬戸黒と異なり、胴のところどころに長石釉で白い窓を作り、さらに鉄釉で絵付けする。中には鉄釉を掛けた上から篦で文様を線刻あるいは掻き落として文様を施し長石釉を象嵌するという、凝った技法を用いたものもある。A：複雑な形状の輪高台。時代が新しく、弥七田織部と推定される。B：小鉢といってよいほど大振りで、長石釉が見られないので黒織部ではない可能性もある。貼付二重高台が珍しい。C：白地に絵付けを施した部分に長石釉を用いていない。溝といってもよいほど深く細い篦目を縦に入れている。D：絵付けは塗りつぶした大小の円を散らしていると思われる。E：内面は黒一色で絵付けしないのが普通だが、見込みまで白窓を作り、鉄釉で白い丸を描いている。F：鉄釉を掻き落として長石釉を掛けている。文様は鹿の子絞りのような格子文である。G：高火度で焼成されており、鉄釉が艶やかな黒色に発色しているが、胎土が陶器というより磁器に近い焼き上がりになっているため、弥七田織部と思われる。歪み茶碗の限界を越えて、製品になり得ないほどの非常に強い焼け歪みが認められる。H：正方形を組み合わせた幾何学文を、鉄釉を掻き落とし、長石釉を填めて描いている。I：文様は典型的な織部に多用される木賊文である。J：白窓に長石釉を用いていない。和風の柄としては珍しい斜め格子文である。K：文様は不明だが、口縁下に櫛目を水平に入れている。L：源氏香文か。篦目に長石釉を填めているが、滲んでぼかしたようになっている。M：文様は杉葉文と思われる。N：大きな白窓の部分のみの破片である。O：二つの方形を太線で結んだ工字文の一種と思われる。P：白窓の上に鉄釉がかすれながら被っており、御所丸茶碗の刷毛目のような風情である。

18 黒織部 茶碗（窯印付き）陶片

窯印とは、瀬戸や美濃あるいは備前などで、作品に篦などで彫られた記号である。大窯などで複数の工人の作品を一緒に焼成する場合、利益を公平に分配するために、完成品を工人別に正確に数えるために付けられたと考えられてきたが、近年では注文主を区別するために付けられた記号であるとも言われている。あくまで生産者側の都合で、実利的な目的のために付けられたもので、仁清や乾山のように作家的な自意識から印を捺したり署名したりしたものとは一線を画すものである。古来、特徴的な窯印を特定の工人に比定する試みが行われているが、一部を除けば伝承の域を出ない。A：渦巻高台の脇に「Q」の鏡文字のような記号を鋭く彫る。（中田川）江存（光存）の窯印といわれてきたもの。1個の作品に2個も窯印を彫るのは珍しい。B：高台内に「十」字の窯印。茂右衛門の窯印といわれてきたもの。C：高台脇の釉下に「イ」字のような印がある。織部十作に数えられる丈八の窯印とされるもの。D：高台内に「J」、あるいは「丁」字のような窯印。（有来）新兵衛の窯印といわれる印に似ている。E：高台脇に篦で長い線が2本彫られている。長十の「松葉印」といわれる窯印であろうか。

19 絵志野 橋・輪違図 茶碗

中京区烏丸通三条の出土地は、江戸時代の寛永期には、金座を司った後藤庄三郎の屋敷のあったことが知られている。本品は後藤屋敷の東端近くの土壙から出土しており、後藤屋敷に関連する遺物である可能性が高いものである。胴を上方に向かってやや絞り口縁はわずかに外反する。高台は低く削り出している。全体に厚く長石釉を掛け、釉下の鉄絵は淡青褐色に発色している。絵付けは意匠化した橋、輪違文様、桧垣文様を描く。朴訥な筆致で趣がある。高台周りは露胎でもぐさ土の肌理が素晴らしい。口縁や胴の下端にいくつも緋色が見える。伝世品に勝るとも劣らない優品である。

20 絵志野 茶碗 陶片

鉄釉で絵付けした上から長石釉を掛けた志野焼の茶碗。長石釉が薄く、口縁の一部で胎土が露《あら》わになっているほか、焼成中に長石釉の下にまで酸素が供給されたため鉄釉が茶褐色に発色している。もう少し釉薬を厚く掛ければ、酸素がうまく遮断され鉄釉が酸化されず青灰色に発色したと思われる。器全体も艶のある白色に仕上がったはずである。

21 絵志野 刷毛目 茶碗 陶片

平安京左京二条三坊九町、現在の上京区室町通り椹木町下ル大門町から出土した。織田信長の建てた旧二条城跡に比定されるが、遺物はそれ以後のものが大半を占める。半分以上失われているが、胴の下部が膨れた背の高い塩笥形の茶碗。轆轤で成形するが、高台脇に大胆な箆目が入る。鉄釉で絵付けした上から長石釉を掛けるが、胴の下部からは土見せとする。鉄釉は青灰色に発色しているが色が薄い。

22 志野織部 茶碗 陶片

平安京左京二条四坊、現在の中京区間之町通竹屋町下る楠町から出土した。いわゆる御所南といわれる地域の一角で、少なくとも江戸時代以降は町屋であった。轆轤で成形してから歪めた茶碗である。胴に縦箆を入れ、高台周りを粗い箆削りで調整している。長石釉は漬け掛けで、高台周りは土見せとなっている。鉄釉による絵付けは、内面に梅鉢と垣根のような文様、外面は三島風の暦手文や直角に折れる線などを描いている。

23 赤織部 茶碗

現在の烏丸二条の交差点近く、平安京左京三条三坊十六町の二条大路に面していた地点の、桃山時代の池をゴミ捨て穴に転用した遺構から出土した。赤い土を轆轤成形する。口縁は幅広い帯状の玉縁となり、腰に箆目を強く巡らす。高台は低く削り出す。底部は露胎のままで高台脇に松葉形の窯印を刻む。胴と内面のみ施釉するが、大半を鉄釉で塗る。地を残した部分に長石釉で文様を描き輪郭を鉄釉で象る。上から透明釉を掛けるが、鉄釉で広く塗りこめた部分には掛けない。すなわち本作の赤い部分は、釉薬ではなく胎土の色である。絵付は内面に網干、外面は白い紡錘形の上に黒点がのる文様を描く（推定復元）。大胆かつ奔放な作で、典型的な赤織部の茶碗である。

24 赤織部 碗 陶片

平安京左京四条三坊十六町、現在の中京区東洞院通三条下る三文字町、有名な六角堂の北東の地点の調査で出土した。江戸時代以降の、六角堂の境内の外にあったと思われる土取り兼塵芥処理穴から出土している。およそ½が残存する赤織部の大振りの茶碗である。轆轤で成形し、高台は撥高台となる。残存部に緑釉は使われておらず、内面は白泥で描いた方形を散らし、鉄釉で輪郭を取って、蔦のような線で繋ぐ。外面は薄い白泥で鋭い鋸歯文のような文様を描くが、鉄釉による輪郭線はない。外面に限れば粗雑な印象がある。

25 織部黒 茶碗 陶片

長石釉の白色を用いない織部黒の茶碗だろう。高台内に直線「一」を彫る。

26 伊賀織部 茶碗 陶片

緑色の代わりに灰釉を用いて総織部風にしたものを伊賀織部と呼ぶ。本品は口縁の形状などからみて、茶碗ではなく香炉などの可能性もある。焼け歪みが見られ、内側に窯の中で他の器と溶着した痕跡が残る。

27 鳴海織部 縄簾図 茶碗 陶片

器壁が薄く平坦であるが、おそらくは茶碗の口縁部の破片である。口縁を白土で作り緑釉を掛ける。胴は赤土で作り、白化粧で縦縞を入れ、その中央に銹絵でごく細い縦線を描く。白縞の間の赤土の部分の中央には、崩し字のような不規則な波線をこれも繊細な線で丁寧に描く。古田織部自作として知られる鳴海織部の茶碗（大和文華館蔵）と酷似した絵付である。地と図が反転しているが、本品が織部の自作の別の作品であった可能性も否定できない。

28 鳴海織部 茶碗 陶片

鳴海織部は白土と赤土を継ぎ合わせて成形し、白土の部分には緑釉を掛け、赤土の部分は透明釉を掛けて土の赤色を見せるという、織部焼の中でも特に凝った技法を用いている。赤土の部分は透明釉の下に白泥と鉄釉で絵付けするのが決まりである。本品はどれもその決まりに則ったもので、典型的な鳴海織部の陶片といえる。破断面をよく見ると、白土と赤土が明瞭に判別できるものがあり興味深い。A：胴に、白泥で直角に折れ曲がる太線を描き、鉄釉で輪郭を象っている。B：胴に、白泥で太く縦縞を描き、鉄釉で輪郭を象っている。C：白泥と鉄釉で描く文様は白い大きな円を直線が貫く串団子文と思われる。D：白泥と鉄釉で描く文様は透垣あるいは水車であろう。E：白泥と鉄釉で描く文様は連続する立波文である。

29 絵志野 矢筈口水指

伏見城下の町家と思われる遺構から出土した大振りの水指。他にも茶陶が出土しているので、茶の湯を嗜む商家であったと思われる。轆轤でほぼ円筒状に作るが、上部がやや傾いている。鉄釉で草文を描き、その上に長石釉を厚く掛けるので淡い青灰色になるが、土見せも大きく、釉薬の掛からない部分の絵は濃い茶褐色を呈している。雄大な矢筈口の口縁のあたりは釉薬が大きく縮れ、鮮やかな緋色が見える。また、重ね焼きした結果、口縁には別の作品の一部が溶着している。出土品ではあるが見所が多く、志野の水指としては、畠山記念館の重文・志野水指 銘「古岸」や、香雪美術館の重文・志野矢筈口水指などに比肩する優品といえる。

30 志野織部 扇形 筒向付

現在の中京区富小路夷川上る大炊町、平安京左京二条四坊の十一町と十四町を画す富小路が通っていた地点から出土した。平安時代の遺構面では同小路の路面が検出されている。室町時代から江戸時代にかけては、町屋あるいは隣接する寺院の敷地であったと推定される。上から見ると扇形をした筒向付。底部を除く前面に長石釉を掛け、胴部に鉄釉で絵付けする。薄い鉄釉で文様を描き、濃い鉄釉で輪郭を象る。扇の弧に当たる曲面には斜めの阿弥陀籤模様、それ以外の面は太い縦縞を描く。注目すべきは緑釉を全く使っていないことで、一見すると鳴海織部のように見えるが、技法的には緑釉を使わない青織部である。焼成中にできたと思われる割れがあるが、これほどの不良品でも流通するほど、織部焼が珍重されたということであろう。

31 青織部 筒向付 陶片

平安京左京三条三坊七町、現在の御池通室町西入ル西横町の地点から出土した。胴の上半が欠失しているが、内側にも丁寧に施釉していることから、おそらくは筒向付であろう。轆轤作りで外側には螺旋《らせん》状の篦目《へらめ》が巡り、内側は轆轤目が捻貫《ねじぬき》風に巡っている。大きな傾《なだ》れ状に掛かった緑釉の両脇には、薄い長石釉の上から鉄釉で斜格子と斜縞模様を描く。

32 鳴海織部 菱形 筒向付

上から見た時に違菱《ちがいびし》の形に見える筒向付。鳴海織部であるが胴の下部が赤色ではなく灰色になっているのは、透明釉が白濁したためと思われる。特筆すべきは器壁の内側に水平に複数の段があることで、篦目のようにも見えるが、人為的なものだとしてもその意図はよくわからない。

33 鳴海織部 筒向付 陶片

口縁部も底部も欠失しているが、破片のあり方から、茶碗ではなく筒向付であるとほぼ断言できる。赤地に白泥で吊るし柿と幾何学文を描き、鉄釉の細線で輪郭を取る。典型的な絵付けである。鳴海織部が白土で成形した部分にだけ緑釉を掛けるのはより鮮やかに発色させるためだが、本品のように赤地に掛かってくすんだ緑色も、予期せぬ色の変化として愛でられたと思われる。

34 絵志野 梅図向付 陶片

平安京左京三条四坊十町、現在の御池通柳馬場の交差点の北東から出土した。三条坊門小路に面し、鎌倉時代以降は町屋であったと思われる。轆轤作りの口の大きな壺型で、底にはやや高さのある撥《ばち》高台が付く。高台の内側のみ施釉されていない。絵付けは、口縁下にドットを均等に描き、胴には草や鳥、網代《あじろ》を描く。

35 絵志野 四方向付

平安京左京一条三坊十二町、現在の上京区堀松町から出土した。京都御苑の西、地下鉄烏丸線の工事に伴う調査によるもの。方形の角を窪めた入隅四方の向付だが、外面では角の窪みの左右に縦篦を同じ太さで入れている。長石釉を厚く総掛けするため、技法痕跡が見えない。胴の内面に轆轤目にも見える段が認められるので、轆轤成形の後、方形に作った可能性もある。絵付けは外面に檜垣文と松らしき植物、見込みには草のような文様を描くが、色が薄く判然としない。底には四足を付け、中央には輪トチンの痕跡と思われる円形の目跡があるが、思いがけず鮮やかな緋色を呈している。

36 絵志野 蒲公英《タンポポ》図向付

平安京左京二条三坊九町、現在の上京区室町通り椹木町下ル大門町から出土した。織田信長の建てた旧二条城跡に比定される地域だが、それ以後の遺物である。轆轤で成形しわずかに変形させて正方形に見えるようにしている。口縁を強く内傾させ、底には三足を付ける。絵付けはほとんど内面だけだが、見込みのタンポポのような植物を中心に唐草などを配し、異例と言えるほど賑やかである。長石釉を全面に掛けるが、底の三足の間に大きな目跡が4箇所残る。

37 志野織部 千鳥図向付 陶片

平安京左京四条三坊十五町跡、現在の烏丸通六角の南東角に近い地点で出土した。緑釉を使わず、掛けられた長石釉も薄くざらついているので連房式登窯で焼かれた志野織部である。轆轤で端正に成形されるが、口縁を2箇所（あるいは3箇所）窪めて変化を付けている点や、絵付けの鳥と唐草の意匠などはまさに織部的である。輪高台の畳付《たたみつき》まで施釉し、その脇に大きな目跡が3つ認められる。

38 青織部 三つ盛角形 向付

平安京左京二条四坊三町、現在の中京区竹屋町間之町通堺之内町の、江戸時代には町家であったと推定される遺構から出土した。内面に布目痕があり型造り。見込みの周囲、胴との境に段がある。底は篦で削って調整し、三足を付ける。典型的な青織部の絵付けだが、白い部分には内は紅葉、外は縦縞を描く。底に2か所掛け残しがあるが、ほとんど全面に施釉する。特筆すべきは、その底面に鉄釉で和歌が流麗な筆致で書き付けられていることで、他に類例を見ない。和歌は竜田川の紅葉を詠んだもので、絵付けのモチーフと共通する。この町家の遺構は調査区のごく一部に掛かっていただけなので、その規模などは不明である。しかし、町家からこれほどの優品が出土したことは驚くべきことである。和歌については以下のとおり。

〔翻刻〕多従た可王毛ミち奈可連て奈りぬめり王たらはにしき中やたへ奈ん（竜田川紅葉流れてなりぬめり 渡らば錦中や絶へなん）〔意訳〕竜田川では紅葉が流れているのだろう。舟で渡ればあたかも川に晒した錦の帯が真中で裁ち切れたようになってしまうのだろう。〔出典〕古今和歌集 ２８３番 よみ人知らず「竜田川もみぢ乱れて流るめり 渡らば錦中や絶えなむ」

39 青織部 網干形 向付

平安京左京四条四坊七町、現代の中京区の堺町通蛸薬師甲屋町の発掘調査で、織部をはじめ黄瀬戸、志野、唐津、高取などの茶陶や高級食器などとともに出土した。布目痕が残り型造りであるが、見込みと胴の境に段は見られない。底は轆轤の回転を利用して篦で削り三足を付けるが、底際の面取は浅い。施釉と絵付けは、網干型の上半を白く、下半を緑釉で仕上げるが、掛分にせず、白色の長石釉の上から緑釉を掛けていると思われる。そのためもあってか、緑釉が焼成中に溶けすぎて、垂直の胴にあまり残らず、見込みに分厚く溜まり、底には大きな滴を作っている。透明度の高いやや黄色みを帯びた緑釉で、底にガラスのように溜まっているのが美しい。絵付けは胴の外に木賊文、内側は見込みに梅花と鎖のような文様を、胴の内側は口縁の下に水平線を縁取のように入れている。

40 青織部 吊柿図 網干形 向付

平安京四条四坊一町の、現代の中京区東洞院通三条下る三文字町の発掘調査で出土した。ここは室町時代以降に町家であったと考えられている。型作りで、内側に粗い布目痕が明瞭に残り、見込みと胴の境には段がある。底は、丁寧に箆で削り三足を付ける。底は全面釉薬を掛けず露胎のままである。施釉と絵付けは典型的な織部様式である。胴の外面には木賊と縦縞文を描き、内面は口縁下に水平に線を引く。見込みは吊るし柿を描いている。

41 青織部 梅図 二階菱形 向付

底面は回転を利用して箆で削っている。最大の特徴は見込みに白く描かれた四つの梅文である。梅文は織部が好んだといわれるが、本品の場合どのようにして描いたのか定かでなく、何らかの特殊な技法を用いた可能性がある。類例が少なく、量産には至らなかった試作品かもしれない。

42 青織部 吊柿・梅図 向付 陶片

現在の上京区中立売通裏門西入ル多門町あたりの平安宮大蔵省大宿直跡から出土したが、もちろん桃山時代の遺物である。当地は豊臣秀吉の聚楽第跡にも比定されるが、時代がやや異なるので関連はないと思われる。誰袖型の型作りの向付。底には三足を付ける。正面から見て奥に鮮やかな緑釉を掛け、手前には花と吊るし柿を描く。外面は瓜と思われる丸文を蔦状の線で繋いだ意匠を施す。成形、絵付け、施釉いずれも典型的な青織部の向付である。

43 青織部 千鳥形 向付

平安京左京四条三坊九町、現在の中京区烏丸三条御倉町の発掘調査で出土した。江戸時代は下京の町家であったと推定されている。内面に布目痕が残っているので、型造りである。日本の伝統的な意匠である千鳥形のやや大振りで深さもある堂々たる向付である。見込みと胴の境に明瞭な段が残る。底は轆轤の回転を利用して箆で丁寧に削り、三足を付ける。底際の面取は大きい。織部の典型的な施釉・絵付けであるが、底の中央部分は施釉していない。千鳥の羽にあたる部分の内外を緑に、その間を長石釉で白く仕上げ、鉄釉で絵付けする。外側に四つ目垣文、見込みには早蕨と思われる図を太い線で大胆に描く。釉薬の発色はいずれも非常に鮮やかで、大振りな姿とあいまって非常に印象的な名品である。

44 青織部 誰袖形 向付

出土した遺構および遺物は16世紀後半から17世紀前半に掛けてのものが大半を占める。瀬戸の天目茶碗や織部・志野などが出土しているので茶を嗜む人の屋敷跡であったと思われる。いわゆる誰袖《たがそで》形の向付。型作りだが、器壁が薄く角が立っているので、非常にシャープな造形。底は丁寧に箆《へら》削りし三足をつける。両端の緑釉は緑色ではなく濃い褐色になっている。中央の長石釉に鉄釉の絵付けは、内側には花を2輪つけた梅を、外側には木賊《とくさ》文を手慣れた筆致で描く。優れた作行だが、緑釉の発色が惜しまれる。

45 青織部 花籠図 誰袖形 向付

底は内側が一段落ち窪んで、若干の布目が残り、別の器を重ねて焼いたために中央に円形の目跡がある。外側には箆目が豪快に残っており、釉はほとんど掛かっていない。大胆に作られた三足には、工人の指紋が明瞭に残る。両端に緑釉、中央の白い部分には花籠、側面は木賊模様である。

46 青織部 筏図 八橋形 向付

内面に一部布目が残っていることから、型作りであると知れる。側面は箆で丁寧に調整している。セオリー通り両端に緑釉を掛け、中央に鉄釉で絵付けを行っている。内面は筏、側面は縞模様である。

47 青織部 八橋形 向付

底部の内側が一段落ち窪んでおり、やや古い時代の形状の特徴を持つ。両端に緑釉を掛ける。中央の白い部分には鉄釉で織部好みらしい奔放な絵付けがなされている。

48 青織部 笠形 向付

唐人笠（唐人が被っていた笠）形と考えられる向付。底面全体に釉薬が掛かり、側面は縦縞、内面にも意匠は不明だが、絵付けがされている。

49 青織部 梅樹図 向付

平安京左京三条三坊十三町、現在の中京区烏丸通三条上る場之町の金工師後藤庄三郎屋敷跡の一部を含む地点から出土した。奇抜な形の向付である。型造りで、底は轆轤の回転を利用して箆削りし、三足を付ける。対角に緑釉を掛け、中央に長石釉の上に鉄釉で梅と思われる植物を描く。当地からは織部の他、志野、唐津、備前などのほか楽茶碗や仁清の茶碗、越州や磁州などの輸入磁器も出土しており、豪商であった後藤家との関連が窺われる遺物が多数出土している。

50 青織部 扇面形 向付

平安京左京四条四坊五町、現在の中京区高倉通四条上る帯屋町で出土した青織部の向付。当地からは織部、唐津、黄瀬戸など茶陶が多く出土しているので、茶の湯を嗜む家があったと思われる。扇形の型作りで、底は轆轤の回転を利用して削り調整し、面取りした上で三足を付けている。特筆すべきは内面の扇の要にちかい部分で、開いた扇の骨を模して凹凸をつけ、骨にあたる部分は鉄釉で線を入れている。他に2種類の格子文や唐花草などを描くが、全体的に開いた扇に花を載せたような典雅な意匠になっている。織部の向付は、器の形と絵付けの柄に関連性のない場合が多く、本品のように形と絵を総合的にデザインしたものは、ほぼ扇形の向付だけと思われる。

51 青織部 梅図 向付 陶片

恐らくは扇形の向付であろう。扇形だとすれば、口縁のおよそ3割、底面の9割が残存することになり、灰原から採取された陶片としては非常に残存状況が良好である。内側に布目痕が認められるので型作りである。底に三足が付く。薄い長石釉と緑釉を掛け分け、長石釉の白い部分には釉下に鉄釉で絵付けする。外側は縦縞、内側は2種類の梅鉢を描く。ここまでは文様も含めて典型的な青織部の向付だが、内外ともに緑釉と長石釉の境界を鉄釉でくっきりと区切っている点がやや珍しいと言える。

52 鳴海織部 吊柿図 向付

平安京左京三条三坊、現在の中京区烏丸通三条上る場之町の発掘調査で出土した。ここは江戸時代前期に江戸の金座を司った後藤庄三郎の屋敷があったとされる場所である。鳴海織部は白土で作った部分に緑の釉薬を掛け、赤い土で作った部分は土の色を生かし、赤と緑を鮮やかに対比させる非常に技巧的な焼物である。本品は布目痕が残る型造りで見込みと胴の境に段が残る。比較的初期の鳴海織部であろう。複雑な形は何をモチーフにしているのか判定し難い。絵付けは赤土の部分に白土で描き、鉄釉で輪郭を取って長石釉を掛ける。外面には長方形を並べる幾何学文、見込みには角の螺旋と吊るし柿を描く。底全体にも施釉しているが、白土の部分すべてに緑釉が掛かっているわけではなく、一部は白いままである。そのため、全体に赤、白、緑の三色に仕上がっている。また赤い部分の長石釉が白いなだれを作っており、見どころとなっている。

53 鳴海織部 向付 陶片

釉薬の使い方や絵付けから見て典型的な鳴海織部の陶片であるが、平面的な形状からみて茶碗でない。一応向付としておくが、筆洗などである可能性もある。器壁がやや厚いため破断面の面積が広く、白土と赤土が明瞭に判別でき、白土が緑釉を鮮やかに発色させていることがよく理解できる。

54 弥七田織部 向付 陶片

布目がなく、器壁も薄いことから通常の型作りではない。1つだけ残る足も極端に小さい。何より絵付けに濁った茶色の釉薬を使っているが、少なくとも江戸時代の初期までには見られない釉調である。時代が下るといわれる弥七田織部である。

55 赤織部 誰袖形 向付

平安京左京三条三坊、現在の中京区東洞院通御池下る笹屋町の発掘調査で出土した。型作りで布目痕が残るが、見込みと胴の境の段は明瞭でない。底面は丁寧に箆で調整し足を4つ付ける。底面は施釉せずわずかに赤みを帯びた胎土が見えている。先に絵付けし、その上から長石釉を薄く掛けている。絵付けは胴の外側2面に縦縞、残りの2面にはおたまじゃくしのような意匠を並べる。胴内側には水平に線を太く描き、見込みには中央に斜めに太く線を描き、両側に二重菱を配して糸のような曲線で結んでいる。いずれも輪郭を濃く、図の中は薄く彩色している。通常の赤織部は白土で形を描き、輪郭を鉄釉で縁取るのが普通だが、本品は白土を使わず、すべて鉄釉で描いている。

56 赤織部 早蕨図 向付

平安京左京三条三坊十三町、現在の中京区烏丸通三条上る場之町で出土した。当地は江戸時代前期に徳川将軍家の命で金座を支配した金工師後藤庄三郎の屋敷の一部であった地点で、実際に後藤邸に関連すると思われる遺構が出土している。本品は、あまり例のない形であるが一応誰袖型としておく。いわゆる赤織部であるが、緑釉は掛けられておらず、また白泥で模様を描くが、普通なら輪郭を取るはずの鉄釉の細線は太い白線の中央に1本だけ引かれる。絵は見込に蕨文と梅鉢、外面は木賊と縦横の縞を描く。造形は布目が認められず型作りと断言できない。外側は丁寧に箆削りし、底には三足をつける。足の間に輪トチンの痕と思われる目跡がある。

57 青織部 盤(大皿)

平安京左京二条四坊の十一町と十四町の境界、現在の中京区富小路夷川上る大炊町で出土した。直径26センチを測る大型の皿型の器である。轆轤で丁寧に成形し、内側は口縁と体部の境界の下に、櫛による二重圏線を巡らせる。底には低い輪高台を削り出す。左右に緑釉を掛け、中央は長石釉を掛けて鉄釉で法螺貝と花を粗い筆致で描く。施釉と絵付けの技法は典型的な青織部だが、器形と絵のモチーフはあまり例を見ない。

58 黒織部 梅図盤(大皿) 陶片

かなり大型の器の破片である。内面に梅鉢文を描く。花弁の中央に点を打っている点が異例だが、いわゆる「筆が滑った」絵であり、織部焼の絵付けは工人の思うままに任されていたことを示す実例と思われる。

59 絵志野 猿猴捉月図 大鉢

上京区室町通椹木町の発掘調査で出土した志野焼の深さのある四方皿。大小4弁ずつ交互に並べた輪花に作る。大きな花弁は尖頭形を成し、この先端に向けて鎬筋が通る。胴の外面には4か所に櫛形の窓を彫り、累座を3つずつ設ける。底部は平底で、鮮やかな火色が見える。丁寧かつ緻密な成形だが、絵付けはあっさりとのびやかな筆致で水面に映る月をとらえようとする猿（猿猴捉月図）を描く。志野焼は京都で多く出土するが、その中でも上手の一点といえよう。同じ調査地からは、他にも織部や唐津などが出土しており、茶の湯を嗜む富裕層の居宅であったと思われる。

60 青織部 南蛮煙管

豆煙管というべき小ささである。独楽のような形状を持つ吸い口に非常に短い羅宇《らう》と呼ぶ胴部の管が続き、その先に、全体に比べて非常に大きく膨らんだ雁首《がんくび》が繋がる。火皿は雁首にめり込むように一体化している。吸い口の先端には鉄釉、独楽の胴のように膨らんだ部分の口の側には箆で星印を彫り、羅宇ともども緑釉を濃く掛ける。なぜか雁首は露胎で火皿は内側に長石釉を施す。

61 青織部 南蛮煙管

いわゆる豆煙管。小さな壺を作り胴に火皿をつけ、頸を延ばして吸い口にしている。吸い口の根元に鋸歯文をヘラで付ける。施釉は上半分を緑釉、下半分を長石釉とするが、壺の底にあたる部分にまで掛けている。

62 青織部 南蛮 長煙管

織部焼の煙管である。喫煙の習慣は南蛮人によって日本に伝えられ、江戸時代初期頃にかけて国内に普及した。それにともない、煙管などの喫煙具も生産・使用されるようになっていく。

63 美濃 鉄釉・灰釉 南蛮煙管

緑釉が使われていないので美濃焼とするが、織部的意匠の極めて短い煙管。羅宇（胴）に笹葉のような文様を箆《へら》で描き、吸い口まで長石釉を掛ける。雁首から火皿には鉄釉を掛ける。本来なら雁首の先端には掃除用の小孔があるはずだが、後世の補修によって塞がれている。

64 美濃 灰釉 南蛮煙管

壺のような形に成形し、底の膨らんだ部分を雁首にし、口縁を吸い口にしている。雁首に火皿を埋め込むように設ける。雁首も底であった部分の中心に手入れ用の小さな穴を開けるほか、この面には意図的に施釉していない。ただし焼成時にこの面を下にして窯に入れたわけではなく、吸い口の膨らんだ部分と雁首の側面に、目跡のような痕跡が見える。他にも釉薬のハゲが認められる。火皿の反対側を平らに調整するといった転がり防止の配慮はされていない。埋め込んだような火皿であり、保護の必要がなかったためと思われる。羅宇の先端が閉じていないのは、手入れを簡単にするためである。煙草を吸う時にはこの開口部を指で閉じる。

65 美濃 鉄釉 南蛮煙管

美濃焼で全体に鉄釉をかけた南蛮煙管。全長が短く豆煙管とも呼ばれる。小さな壺形を作り、胴に火皿を付け、口縁を延ばして吸口を作る。羅宇にあたる部分に砂粒が見え、小さな石ハゼのようになっており変化が生じている。火皿の底を除いて全面に艶のある鉄釉を掛けるが、壺の底にあたる部分は釉薬が薄く、また融着痕が見られるので、立てた状態で窯に入れ焼成したことがわかる。

66 青織部 草花図 小壺

極小の壺型の容器であるが、用途は不明である。轆轤作りであろうがあまりに小さいため、通常の作り方ではなく、上下別々に成形して接合したものと思われる。底にまで長石釉が掛かるため定かではないが、糸切であるかも知れない。中央に輪トチンの痕と思われる目跡《めあと》がある。胴下部の絵付けは沢瀉《おもだか》であるが、手慣れた筆致である。

67 美濃鉄釉 犬置物

犬を象った素焼きの製品である。本来は玩具や文房具ではなく何らかの祭祀に使うために作られたものであろう。大きさがちょうどよいので文鎮や、置物に使われたと思われる。

裏表紙 金箔押瓦

安土・桃山時代の建築物の一つの特徴として、屋根に載せる瓦の多様化、大型化、装飾化があげられる。権威を誇示する天守閣のような大型の建築物の複雑な構成の屋根を葺くために、巨大で様々な意匠を凝らした多種多様な瓦が出現した。装飾として軒瓦に金箔を施すのは織田信長が安土城で始めたとされるが、安土城の金箔瓦は文様ではなく地の部分に金箔を施しており、文様そのものに施した豊臣秀吉時代の金箔瓦とは異なる。秀吉は大坂城、聚楽第、指月（伏見）城、木幡伏見城で大々的に用いたと考えられる。ただし、豊臣家だけでなく諸大名も京や伏見の屋敷では盛んに金箔瓦を用いた。現状では、どの城で、あるいは誰の屋敷で使われかなどを明確に断定できる資料はまだ少ない。今後の研究が俟たれるところである。

ISBN978-4-8016-0272-4
C0070 ¥400E

発行 古田織部美術館
発売 宮帯出版社
定価: 本体400円+税

本図録は、2021年12月4日～2022年6月12日開催の古田織部美術館の企画展「発掘品から見る志野・織部焼ランキング」の展示資料を基に編集したものである。

〔編集委員〕
宮下玄覇(館長)
原口鉄哉(宮帯出版社)
中西亮介(主任学芸員)

〔撮影〕
實貫政夫

発掘品から見る志野・織部焼

2021年12月4日 第1刷発行
編集・発行 一般財団法人古田織部美術館
〒603-8054 京都市北区北山通 植物園前西
TEL 075-707-1800 FAX 075-707-1801
発 売 株式会社宮帯出版社
〒602-8157 京都市上京区小山町908-27
TEL 075-366-6600 FAX 075-366-3377
東京支社 〒160-0008 東京都新宿区四谷三栄町11-4
TEL 03-3355-5555 FAX 03-3355-3555